Einsterns Schwester

2

Trainingsheft

zum Grundwortschatz

Herausgegeben von
Roland Bauer, Jutta Maurach

Erarbeitet von
Martina Schramm

In Zusammenarbeit mit
der Redaktion Grundschule Deutsch 2–4

Cornelsen

Inhaltsverzeichnis

In diesem Heft findest du ab Seite 6 Wörter,
die du mit einer **Lernwörterkartei** üben kannst.

Du erkennst sie an diesem Zeichen:

Für eine Lernwörterkartei brauchst du:

- einen Karteikasten,
- passende Kärtchen mit Linien,
- drei Trennkärtchen für vier Fächer.

So legst du die Kartei nach und nach an:

- Schreibe jedes Lernwort auf ein Kärtchen.

- Schreibe zu jedem Wort das Zeichen,
  das beim Üben dieses Wortes hilft.

- Markiere wichtige Stellen im Wort.

So übst du mit den Wortkärtchen:

1. **Lies** das Wort auf der Karte.

2. Drehe die Karte um.

3. **Schreibe** das Wort in ein Heft.

4. **Kontrolliere** und verbessere.

   - Wörter, die du richtig geschrieben hast,
     rücken ein Fach weiter.

   - Wörter, die du falsch geschrieben hast,
     bleiben vorn und du übst sie nochmals.

   - Lass dir die Wörter auch von
     einem Partnerkind diktieren.

Übe
einmal pro Woche
auch die Wörter
aus den Fächern
2, 3 und 4.

Kleine Wörter üben

① Lies und merke dir nach und nach die Wörter in jedem Paket. Schreibe sie auswendig auf.

S. 4 ①+②
1: ab ✓
2: den ✓
3: dich, dir ✓
4: ...

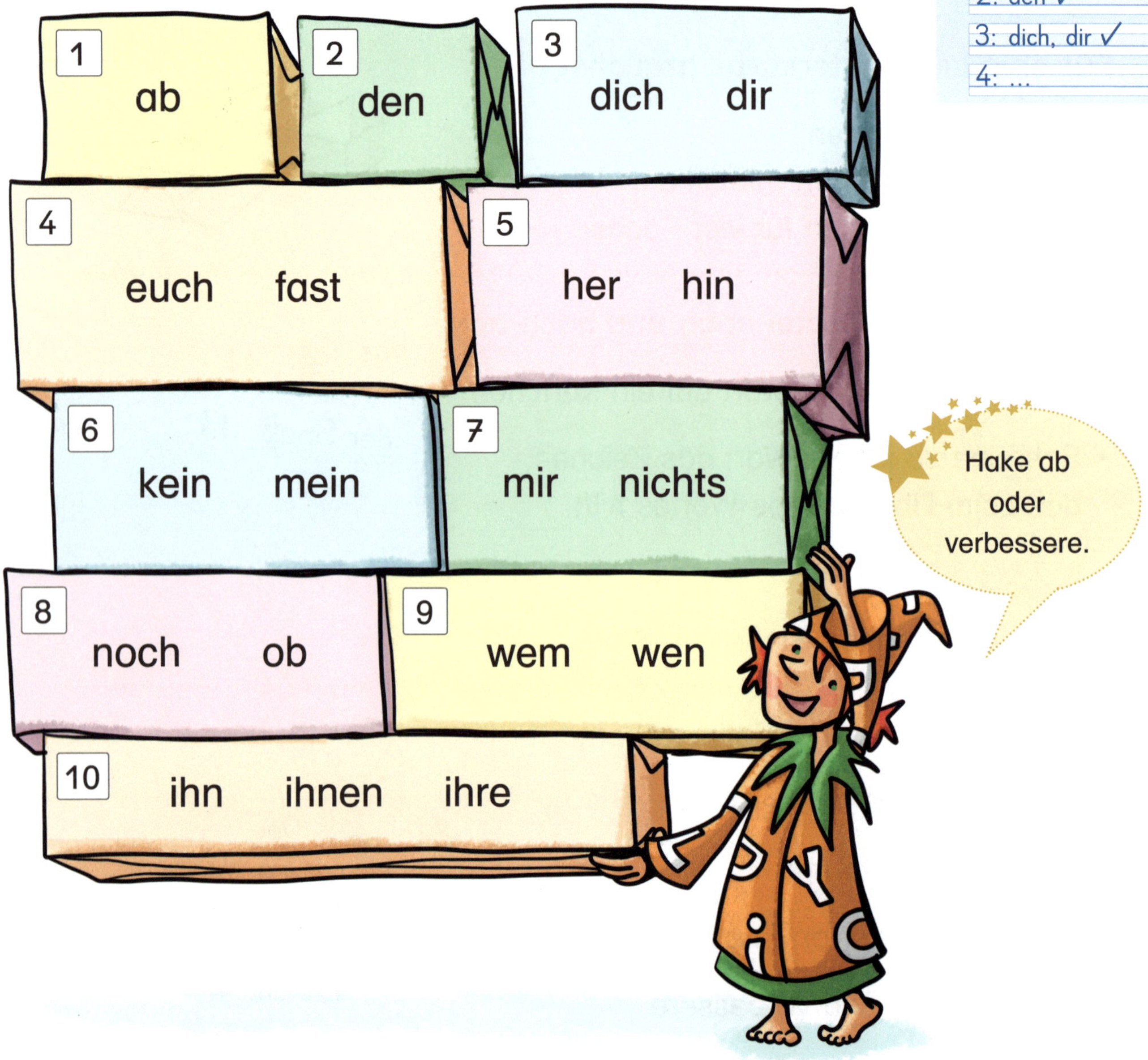
1 ab
2 den
3 dich dir
4 euch fast
5 her hin
6 kein mein
7 mir nichts
8 noch ob
9 wem wen
10 ihn ihnen ihre
Hake ab oder verbessere.

② Prüfe, ob du alle Wörter richtig geschrieben hast.

③ Wie viele Wörter aus ① kannst du dir merken? Schreibe sie auswendig nochmals auf und kontrolliere zum Schluss.

S. 4 ③
...

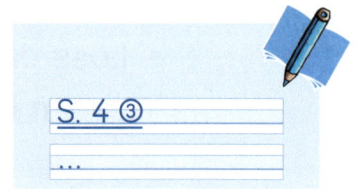

1 Lies die kleinen Wörter.

jed**e** ★ also ★ ob**en** ★

jedes ★ uns**er** ★ jed**er** ★ unser**e** ★

wa**nn** ★ warum ★ fast ★ bal**d** ★

de**nn** ★ geg**en** ★ ganz**e** ★ ganz**er** ★

gerad**e** ★ sel**bst** ★ mu**ss**

Schwierige Stellen sind gelb markiert.

2 Lege eine Tabelle an. Trage die Wörter aus ① nach der Anzahl ihrer Buchstaben geordnet ein.

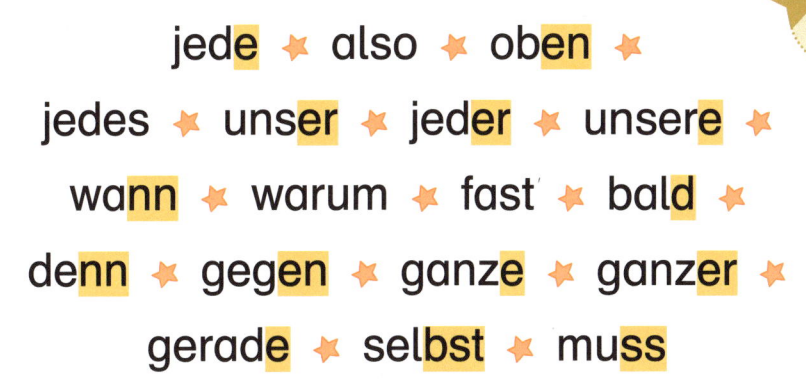

S. 5 ②+④		
4 Buchstaben	5 Buchstaben	6 Buchstaben
jede ✓	...	...

3 Schreibe die Sätze ab und ergänze passende Wörter aus ①.

S. 5 ③+④
A: Es ist schon spät.
Tim ... ✓

A Es ist schon spät.
Tim ▯ nun nach Hause.

B Frau Mut, ▯ Lehrerin, hat immer gute Laune!

C Zwillinge sehen oft ▯ gleich aus.

D Wir dürfen einmal in der Woche ▯ kochen.

E Im Unterricht kann ▯ Kind etwas lernen.

F Lola will wissen, ▯ wieder Ferien sind.

4 Prüfe, ob du in ② und ③ alles richtig geschrieben hast. Hake ab oder verbessere.

① Finde zu den Silbenkernen
die passenden Wörter.
Schreibe wie im Beispiel.

1	i		2	u e		3	o e

4	a i i e		5	a e		6	e e

7	i e		8	e i e		9	e

Zehe   Geschichte   Muschel

Hilfe   Farbe   Fest

 Rose   Familie   Schrift

② Markiere in jedem Wort zu **①** die Silbenkerne.
Zeichne die Silbenbögen ein.

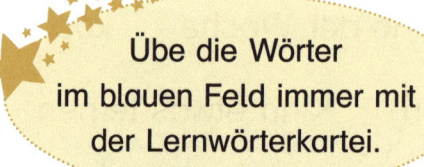

Übe die Wörter
im blauen Feld immer mit
der Lernwörterkartei.

die Familie, die Farbe, das Fest, die Geschichte,
die Hilfe, die Muschel, die Rose, die Schrift, die Zehe

① Ordne jeweils die passende Silbe zu und schreibe die Verben vollständig auf.

S. 7 ①+②
bewegen, …

| be ▢ gen | blu ▢ | tur ▢ |
| gra ▢ | küs ▢ | se ▢ |

| geln | ben | sen | ten | we | nen |

② Kontrolliere die Wörter in ① mit Silbenbögen. Markiere die Silbenkerne.

③ Schreibe nur die vier Sätze ab, die stimmen.

S. 7 ③+④
A: Wer turnt, muss … ✓

A Wer turnt, muss sich bewegen.

B Im Keller kann man segeln.

C Frösche muss man küssen.

D Manche Frauen und Männer können segeln.

E Eine Wunde kann bluten.

F Ein Loch kann man graben.

④ Prüfe deine Sätze aus ③ mit Silbenbögen.

binden, kleben, lösen, pflegen, schreien

① Finde in der Wörterschlange acht Nomen mit er am Ende. Schreibe sie auf. Unterstreiche immer er.

S. 8 ①
Lieder ✓, ...

Ich höre am Ende ein **a** und schreibe **er.**

LiederWetterButterKofferKaterFensterMutterFelder

② Notiere die Nomen aus ①, die in den Sätzen gesucht werden. Unterstreiche immer die Endung er.

S. 8 ②
A: Butter ✓
B: ...

| A | Man schmiert sie auf das Brot. |

| B | Man kann sie singen. |

| C | So nennt man eine männliche Katze. |

| D | Man packt ihn für die Reise. |

| E | Dieses Wort reimt sich auf Futter. |

| F | So heißen die schwarzen und weißen Quadrate beim Schach. |

| G | So nennt man Regen oder Sonnenschein. |

der Bauer, die Brüder, der Hamster, der Liter, die Mütter, der September, die Töchter

① Lies die Sätze und schreibe die Wörter mit er ab.
Unterstreiche er.

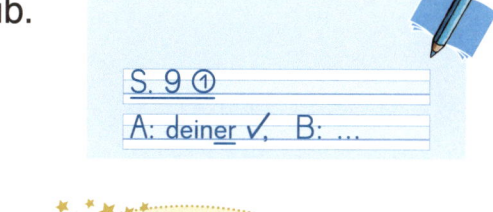

S. 9 ①
A: dei<u>er</u> ✓, B: ...

A | Ein Kind aus deiner Klasse war krank.

B | Oma kann leider nicht kommen.

C | Bei uns hinter dem Haus ist ein Wald.

D | Er schenkt seiner Mutter ein Bild.

E | Tim ist älter als seine Freunde.

F | Die Jacke wurde wieder ganz sauber.

G | Es ist schade, wenn keiner Zeit hat.

Achtung!
In zwei Sätzen
sind **zwei Wörter**
mit **er**.

② In jedem Rahmen reimen sich zwei Wörter.
Schreibe die Wörter auf.
Markiere die Silbenkerne.
Zeichne Silbenbögen ein.

S. 9 ②
A: keiner – ... ✓

A | keiner ✦ lauter ✦ blau ✦ einer ✦ euer

B | sauber ✦ seiner ✦ leider ✦ deiner ✦ leiser

C | Hamster ✦ weiter ✦ Butter ✦ kleiner ✦ Leiter

D | wandern ✦ hinter ✦ weiter ✦ Lieder ✦ wieder

euer, ganzer, hinter, jeder, leider, welcher

Am Ende einer Silbe kann man **r** nicht gut hören. Übe daher die folgenden Wörter!

① Ordne jedem Bild
das passende Wort zu.
Zeichne Silbenbögen ein.
Unterstreiche **r**.

S. 10 ①
A: Würfel ✓
B: ...

A	B	C

D	E	F
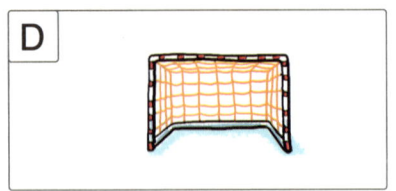		

Gurke   Karte   Kerze   Würfel   Tor   Birne

② Ordne den Silbenbögen
die Wörter aus ① passend zu.
Unterstreiche **r**.

S. 10 ②
A: Karte ✓
B: ...

A	B	C
 rt	 rk	rn

D	E	F
 rf	 r	rz

die Ka_r_te, die Ke_r_ze, die Ki_r_sche, kla_r_, das To_r_, der Wü_r_fel

① Schreibe die Wörter
mit Ei oder ei richtig auf.
Markiere Ei und ei.

S. 11 ①
teilen, …

t⬭len	w⬭nen	d⬭ne	r⬭ch
s⬭t	F⬭er	Schw⬭n	S⬭te
⬭nen	B⬭n	⬭mer	m⬭ne

② Schreibe die Sätze ab und ergänze die Wörter
passend. Markiere ei in den Wörtern.

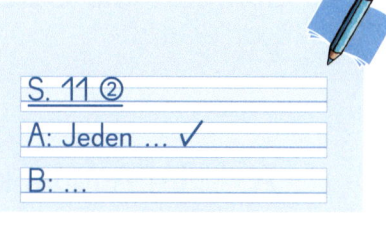

S. 11 ②
A: Jeden … ✓
B: …

einzelnen   eines   Freitag

Papagei   einem

A Jeden ▨ bekommen wir Besuch von Oma.

B Vor der Schule gab es ▨ Tages Krach.

C Oma freut sich über jeden ▨ Vogel im Garten.

D In ▨ Versteck haben wir Geld gefunden.

E Herr Mut sucht seinen ▨ .

Herr Mut
sucht seinen Hut –
finde ich lustiger.

dein, mein, der Papagei,
die Seite, teilen, weich

1 Schreibe die Wörter
mit eu oder au richtig auf.
Markiere den Zwielaut eu oder au.

S. 12 ①
Freundin, …

Fr⭐ndin	h⭐te	⭐fwachen
l⭐t	k⭐fen	Pfl⭐me
Fr⭐de	⭐re	bl⭐

2 Finde die passenden Satzteile.
Schreibe die Sätze auf.

S. 12 ②+③
A: Im August können die … ✓

A	Im August können die Leute		ist leider immer sehr laut.
B	Lisas neue Freundin		Aufgaben mit Freude.
C	Bitte macht heute eure		pünktlich aufwachen.
D	Lola will morgens		Pflaumen kaufen.

3 Unterstreiche in ② alle Wörter mit Au / au und eu.

aufwachen, eure, die Leute, die Pause,
schauen, schlau, der Traum

① Schreibe aus jedem Rahmen zwei
Reimwörter auf. Zeichne Silbenbögen ein.
Markiere die Silbenkerne.

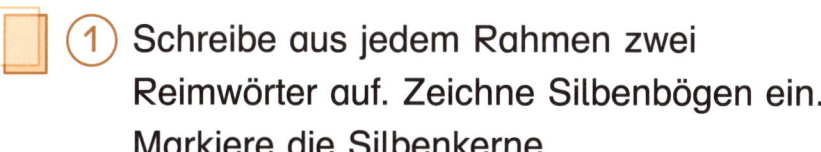

| A | blau ✶ auch ✶ Bauch ✶ Nacht ✶ neu |

| B | Auge ✶ Dach ✶ Heu ✶ doch ✶ flach |

| C | Bücher ✶ Mütter ✶ Tücher ✶ blau ✶ kälter |

| D | sich ✶ richtig ✶ weiter ✶ mich ✶ weich |

| E | Zäune ✶ Kräuter ✶ Bäuche ✶ Häuser ✶ Schläuche |

② Schreibe die Sätze ab und
ergänze die Reimwörter.

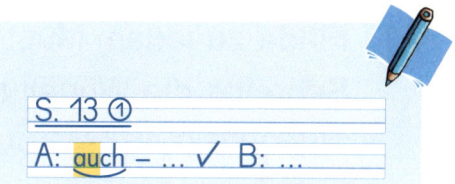

| Tücher | flach | mich | lachen |

A Wir haben ein **Dach** und es ist ▢ .

B Wir wollen Späße **machen** und auch darüber ▢ .

C Lola freut **sich**, ich freue ▢ .

D Wir lesen tolle **Bücher**, wir tragen bunte ▢ .

Reimt es sich?
Dann freu ich mich!

die Bäu<u>ch</u>e, die Bü<u>ch</u>er, fla<u>ch</u>, die Frü<u>ch</u>te,
die Kö<u>ch</u>e, ko<u>ch</u>en, der Ku<u>ch</u>en

1 Finde zu jedem Muster das passende Wort.
Schreibe die Wörter auf. Markiere die Merkstelle.

S. 14 ①
A: Quark ✓
B: ...

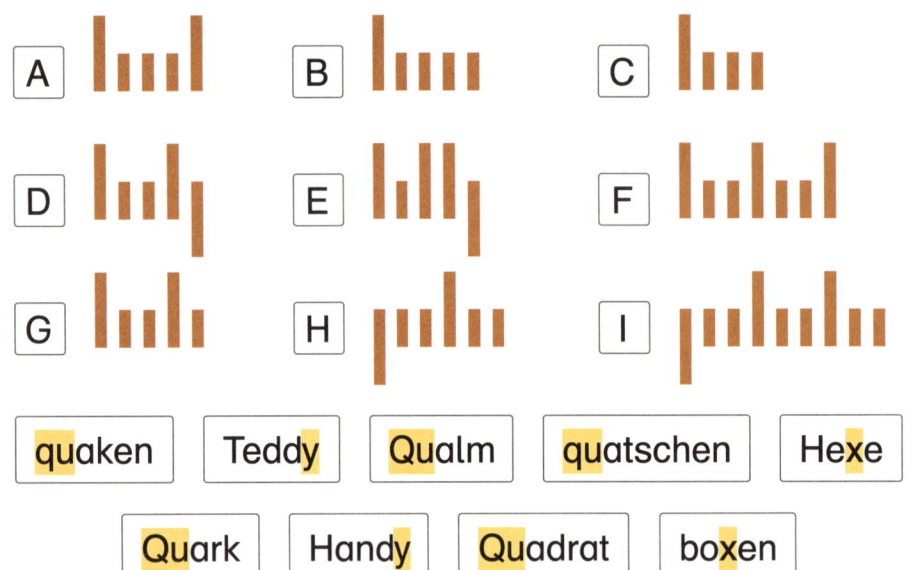

A B C

D E F

G H I

quaken	Teddy	Qualm	quatschen	Hexe

Quark	Handy	Quadrat	boxen

2 Notiere die Wörter aus ①,
die in den Sätzen gesucht werden.

S. 14 ②
A: Hexe ✓
B: ...

A Es ist eine böse alte Frau aus dem Märchen.

B So nennt man ein Viereck auch.

C Kinder tun es oft in der Schule.

D Es ist ein anderes Wort für Rauch.

E Frösche tun es häufig.

F Damit kannst du telefonieren und vieles mehr.

G Es ist ein Kuscheltier, das viele Kinder haben.

> Ich habe
> noch ein Rätsel mit **x**:
> Es kann fahren und es hat
> vier Buchstaben.
> Was ist das?

das Handy **M**, das Quadrat, der Quatsch,
das Taxi **M**, der Teddy **M**

① Finde in der Wörterschlange acht Wörter mit St oder st. Schreibe sie auf.

S. 15 ①
stellen ✓, ...

Achte auf die Groß- und Kleinschreibung!

stellenStängelStrauchSträucherStempelstillStangestören

② Schreibe nur die vier Sätze ab, die stimmen. Unterstreiche die Wörter mit St und st.

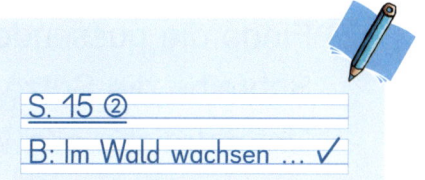

S. 15 ②
B: Im Wald wachsen ... ✓

A Blumen muss man in den Schrank stellen.

B Im Wald wachsen Bäume und Sträucher.

C Über viele Tiere kann man staunen.

D Alle Kinder haben eine tiefe Stimme.

E Blumen haben meist einen Stängel.

F In der Klasse ist es oft nicht still.

G Ein Apfel wächst an einer Stange.

die Stange, der Stängel, staunen,
stellen, stören, die Stufe

① Finde zu jedem Muster das passende Wort.
Schreibe die Wörter auf.

A ▌▌▌▌▌

B ▌▌▌▌▌▌

C ▌▐▌▐▌▌

D ▐▌▐▌▌▐▌

E ▌▐▌▌▌▌▐▌

F ▌▌▌▌▌

G ▐▌▌▌▌▌▌

H ▌▐▌▌

S. 16 ①
A: sparen ✓
B: ...

Spiel	sparen	springen	Spaziergang

Spinne	spazieren	sprechen	Spaten

② Finde die passenden Satzteile.
Schreibe die Sätze auf.
Unterstreiche alle Wörter mit Sp und sp.

S. 16 ②
A: Opa arbeitet ... ✓

A | Opa arbeitet im Garten

B | Wir sparen etwas Geld

C | Ein Spaziergang im Wald

D | Die Wörter springen und sprechen

kann Spaß machen.

mit einem Spaten.

sind Verben.

für ein teures Spiel.

spazieren, der Spiegel, das Spiel,
die Spinne, springen, spülen

① Ergänze die Vokale a, e, i, o, u
in den Wörtern und schreibe sie richtig auf.

S. 17 ①
Pfote, ...

Achte genau
auf meinen Code.

| ● = a | ▲ = e | ★ = i | ■ = o | ♥ = u |

| Pf■t▲ | H■f | K★rch▲ | ▲tw●s |

| fr▲md | pfl●nz▲n | N■t▲ | M♥s★k |

| Fr■sch | m♥t★g | Fr●g▲ | B■d▲n |

② Schreibe ab und ergänze die Wörter passend.

S. 17 ②
A: ... ✓

| Hemden | Pommes | Musik |

A ▢ hören viele Leute gern.

B ▢ muss man hin und wieder waschen.

C ▢ soll man warm essen, nicht kalt.

etwas, der Frosch, die Musik,
pflanzen, die Pommes, schenken

1 Schreibe das Abc auf.
Einige Buchstaben sind als Hilfe schon da.

S. 18 ①
A, B, ...

A	B	C	☆	E	☆	☆	☆	I
☆	☆	☆	☆	N	☆	☆	Qu	R
☆	☆	U	☆	☆	☆	☆	☆	

2 Ordne die Wörter der Kinder nach dem Abc.
Schreibe sie auf.

S. 18 ②
1: Bär, ... ✓
2: ...

1

hundert
diese
Bär

2

unten
Söhne
Tüte

3

Königin
Welt
melden

4

Nadel
glauben
Fahrt

hundert, melden, unten,
der **V**ulkan **M**, die Welt

① Ordne die Wörter nach dem Abc.
Achte auf den zweiten Buchstaben
und unterstreiche ihn jeweils.

S. 19 ①
1: B<u>a</u>d, ... ✓
2: ...

1	Boden	breit	Bad	bleibt
2	Krone	Kälte	keine	Kühe
3	werden	Wörter	Winde	warm
4	Foto	Flöte	Fuchs	Familie

② Schreibe nur die Wörterreihen ab,
die nach dem Abc richtig geordnet sind.

S. 19 ②
...

1	hart	hell	holen
2	teilen	Töchter	Tür
3	Wind	waschen	warum
4	meiner	Minute	Monat

Hier sind
drei Wörterreihen
richtig.

das Bad, keine, warum,
werfen, die Wölfe, die Wörter

① Ordne die Nomen in eine Tabelle ein.
Setze unter einen kurzen Vokal einen Punkt (.),
unterstreiche einen langen Vokal (_).

S. 20 ①

kurzer Vokal	langer Vokal
Schlitten ✓	Bad ✓
…	…

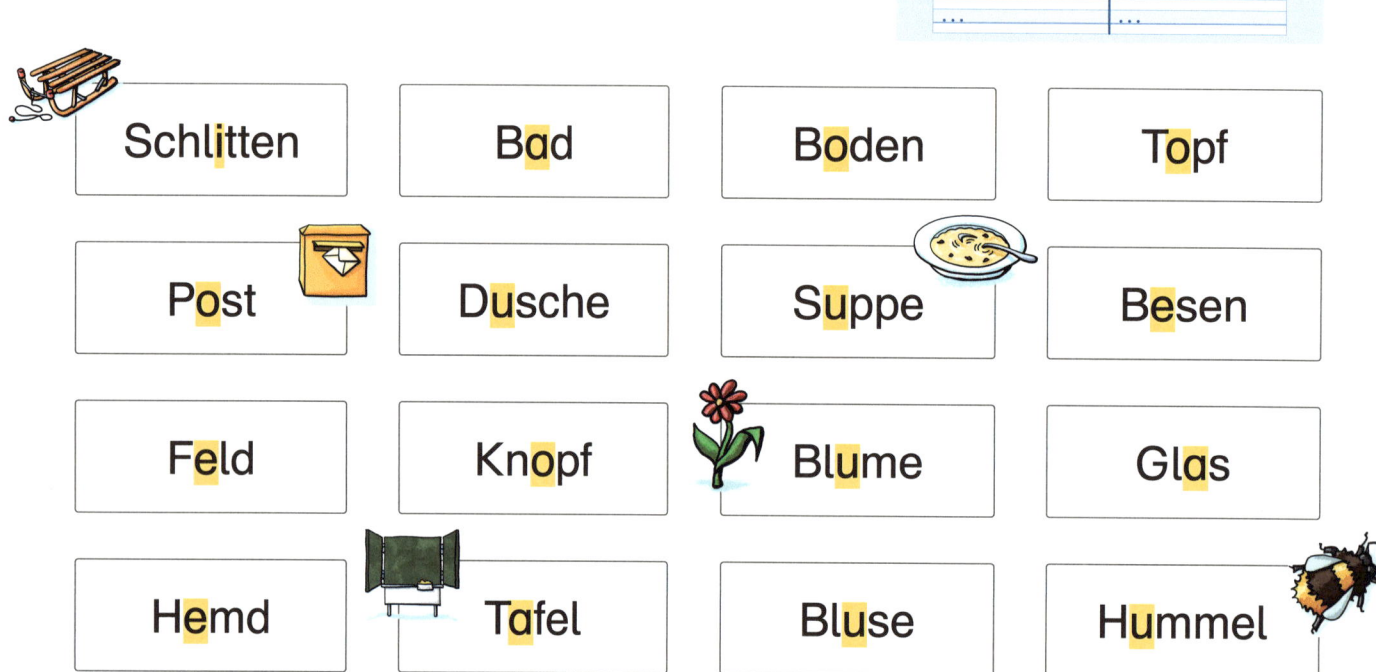

Schlitten

Bad

Boden

Topf

Post

Dusche

Suppe

Besen

Feld

Knopf

Blume

Glas

Hemd

Tafel

Bluse

Hummel

② Finde acht Verben mit langem Vokal.
Schreibe sie auf und
unterstreiche den langen Vokal (_).

S. 20 ②

reden ✓, …

Ich sage
nichts vor!

redenpflegensegelngebenlesenschlagensagenschlafen

der Knopf, die Lampe, die Post, das Salz

① Finde in jeder Reihe ein Nomen mit ie.
Schreibe die Nomen mit ihrem
bestimmten Artikel auf.

S. 21 ①
die Fliege, ...

A	R	F	L	I	E	G	E	Z	P	E	R
S	D	I	S	P	I	L	O	D	I	E	B
D	R	D	I	E	N	S	T	A	G	O	L
L	I	R	K	N	I	E	S	T	L	I	U
M	A	P	A	P	I	E	R	K	I	R	P
N	I	N	E	R	I	Z	I	E	G	E	O
T	I	E	R	K	I	T	E	G	Z	H	I
I	P	E	S	I	Z	W	I	E	B	E	L
D	W	I	E	S	E	R	E	I	X	I	O
L	I	U	E	Z	U	F	I	E	B	E	R

② Finde zu jedem Muster das passende Wort
mit ie. Schreibe die Wörter auf.

S. 21 ②
A: nie ✓
B: ...

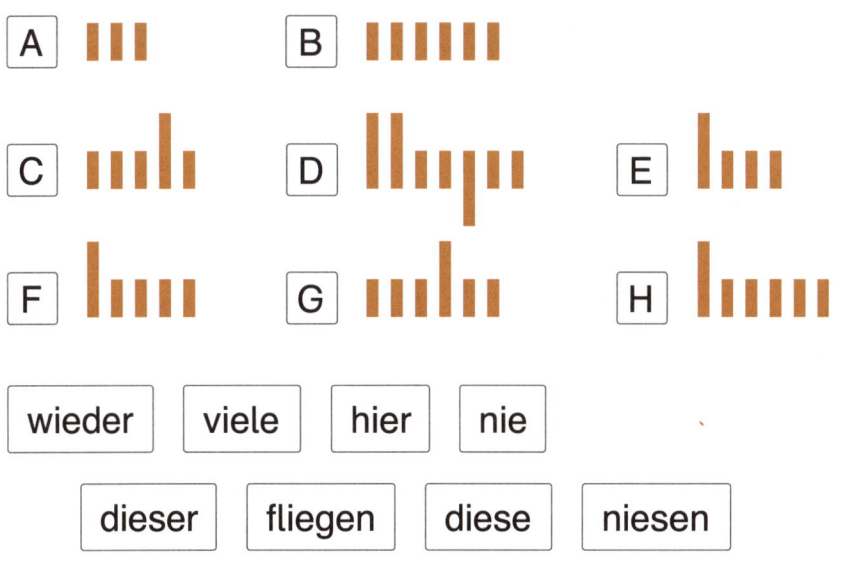

Riesen niesen
hier nie.

A ▮▮▮   B ▮▮▮▮▮▮

C ▮▮▮▮▮   D ▮▮▮▮▮▮   E ▮▮▮▮

F ▮▮▮▮▮   G ▮▮▮▮▮   H ▮▮▮▮▮▮

| wieder | viele | hier | nie |
| dieser | fliegen | diese | niesen |

der Dienstag, dies, hier, lieb, nie, das Papier, viel

① Schreibe die Wörter vollständig auf.
Setze einen Punkt unter den kurzen Vokal.
Markiere den doppelten Konsonanten.

S. 22 ①
toll, rennen, …

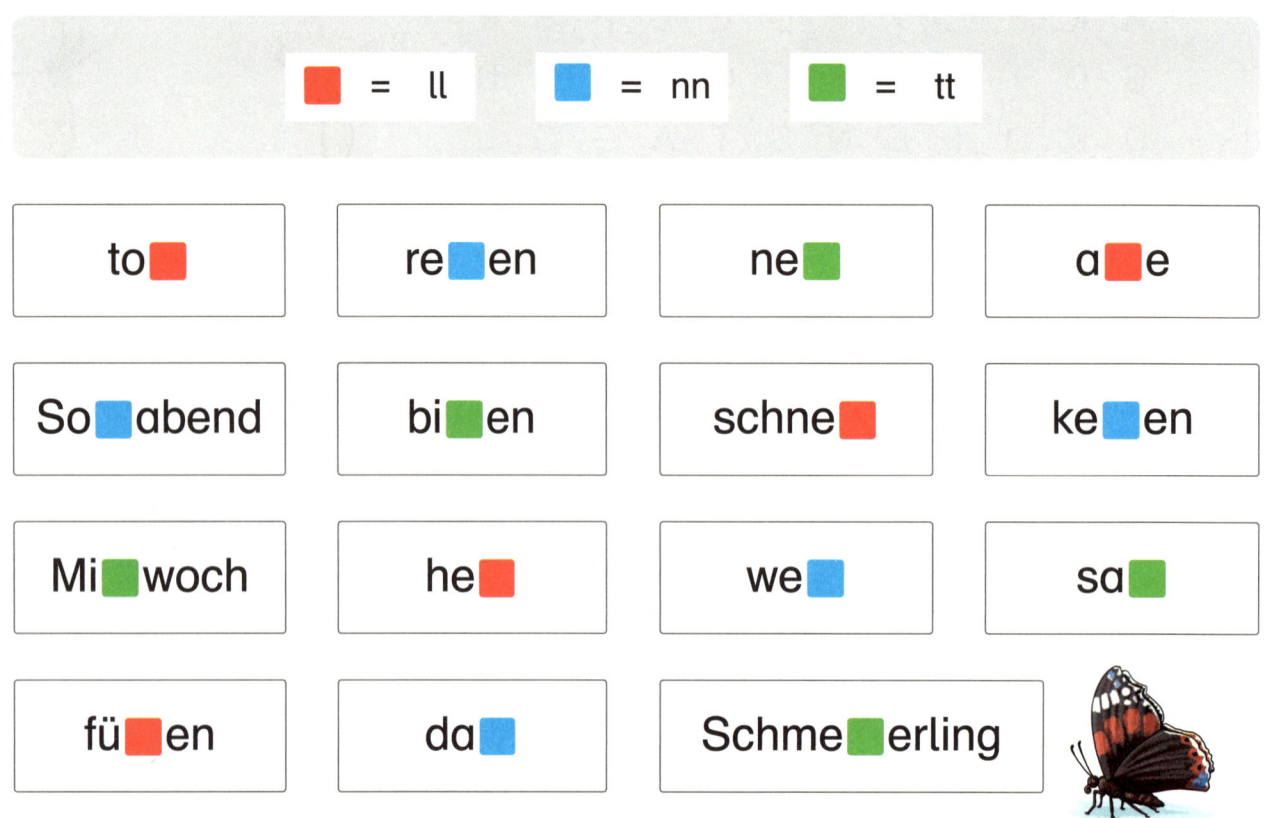

🟥 = ll   🟦 = nn   🟩 = tt

to🟥	re🟦en	ne🟩	a🟥e
So🟦abend	bi🟩en	schne🟥	ke🟦en
Mi🟩woch	he🟥	we🟦	sa🟩
fü🟥en	da🟦	Schme🟩erling	

② Lege auf einem Blatt eine Tabelle an.
Sortiere die Wörter aus ① wie Lisa nach den doppelten Konsonanten.

Wörter mit ll	Wörter mit nn	Wörter mit tt
toll	rennen	

kennen, der Mittwoch, nett, der Schmetterling, schnell

① Schreibe aus jedem Rahmen
zwei Reimwörter auf.
Setze einen Punkt unter den kurzen Vokal.
Markiere **ck**.

S. 23 ①
A: Hẹcke – ... ✓
B: ...

A | Zucker ✦ Stücke ✦ Hecke ✦ Rücken ✦ Schnecke

B | Rock ✦ Glocke ✦ Brücke ✦ Sack ✦ Stock

C | Röcke ✦ Socke ✦ Mücke ✦ Glocke ✦ Bäcker

D | schicken ✦ hocken ✦ kicken ✦ wackeln ✦ strecken

② Schreibe nur die vier Sätze ab,
die Wörter mit **ck** enthalten.

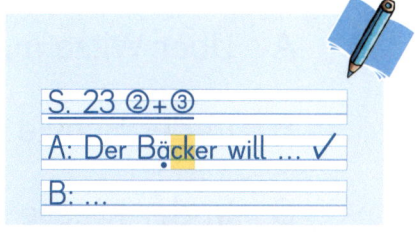

S. 23 ②+③
A: Der Bạ̈cker will ... ✓
B: ...

A | Der Bäcker will leckere Brötchen backen.

B | Jeden Morgen klingelt der Wecker.

C | Oma und Opa sitzen auf einer Bank.

D | Manche Leute trinken Tee mit Zucker.

E | Lisa trägt gern bunte Socken und Röcke.

In einem Satz
sind sogar drei Wörter
mit **ck**.

③ Markiere in ② jeweils **ck**.
Setze einen Punkt unter den kurzen Vokal
oder Umlaut davor.

bạcken, der Bạ̈cker, die Dẹcke, der Rụ̈cken, schịcken

① Finde in der Wörterschlange acht Wörter
mit tz und schreibe sie auf.
Setze einen Punkt unter den kurzen Vokal.
Markiere tz.

S. 24 ①
Hitze ✓, ...

HitzesitzenPlatzputzenKatzeSpitzeSchatzSatz

② Schreibe nur die vier Sätze ab, die stimmen.
Unterstreiche die Wörter mit tz.

S. 24 ②
A: Über Witze muss ... ✓

| A | Über Witze muss man lachen. |

| B | In der Schule gibt es einen König. |

| C | In der Klasse sitzen die Kinder auf ihren Plätzen. |

| D | Ein Mann mit Glatze hat viele Haare. |

| E | Eine Brille muss man hin und wieder putzen. |

| F | Einen Schatz muss man in den Müll werfen. |

| G | Katzen können gut kratzen. |

| H | Ein Stift kann platzen. |

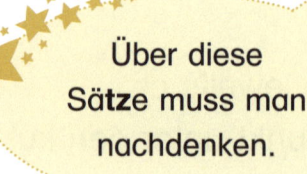

Über diese
Sätze muss man
nachdenken.

die Hitze, die Plätze, putzen, der Schatz, die Spitze

① Ergänze d oder t.
Verlängere dazu die Nomen in der Einzahl.
Schreibe die Nomen in der Einzahl und
in der Mehrzahl richtig auf.

S. 25 ①
A: der Abend ↪ die Abende
B: ...

	Einzahl	**Mehrzahl**
A	der Aben☆	die Aben☆e
B	der Freun☆	die Freun☆e
C	das Nes☆	die Nes☆er
D	die Han☆	die Hän☆e
E	das Kin☆	die Kin☆er
F	der Wal☆	die Wäl☆er
G	das Ba☆	die Bä☆er
H	das Ra☆	die Rä☆er
I	das Gel☆	die Gel☆er
J	das Bil☆	die Bil☆er
K	das Bro☆	die Bro☆e
L	die Wel☆	die Wel☆en
M	das Fel☆	die Fel☆er

der König ↪ die Könige, der Korb ↪ die Körbe,
der Mund ↪ die Münder, der Urlaub ↪ die Urlaube

① Leite jedes Nomen in der Mehrzahl
vom Einzahlwort mit **a** ab.
Schreibe die Wortpaare auf.

S. 26 ①
A: die Säfte ↯ der Saft
B: ...

	Mehrzahl ↯	Einzahl
A	die S☆fte	der S☆ft
B	die Pl☆tze	der Pl☆tz
C	die N☆chte	die N☆cht
D	die H☆lse	der H☆ls
E	die Z☆hne	der Z☆hn
F	die S☆tze	der S☆tz
G	die H☆fen	der H☆fen
H	die Bl☆tter	das Bl☆tt
I	die G☆rten	der G☆rten
J	die ☆pfel	der ☆pfel
K	die B☆nke	die B☆nk
L	die ☆ste	der ☆st
M	die V☆ter	der V☆ter
N	die G☆ste	der G☆st

Schreibe
in der Mehrzahl **ä**,
wenn
in der Einzahl **a**
steht.

die Häute ↯ die Haut, die Kräuter ↯ das Kraut

(1) Finde zu jeder Grundform
die passende Personalform.
Unterstreiche den Wortstamm.

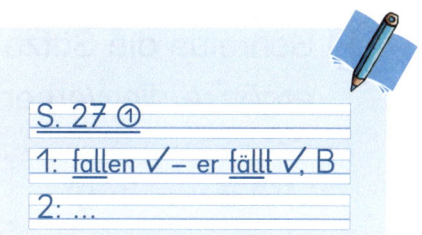

S. 27 ①
1: fallen ✓ – er fällt ✓, B
2: ...

1	fallen	L	sie hält
2	zeigen	E	sie hilft
3	waschen	P	er singt
4	halten	B	er fällt
5	stehen	I	sie legt
6	singen	L	er lebt
7	legen	A	sie zeigt
8	helfen	E	sie fliegt
9	leben	L	er wäscht
10	fliegen	S	sie steht

Die Buchstaben ergeben in der Reihenfolge von eins bis zehn ein Lösungswort. Findest du es heraus?

blühen, es blüht,   essen, er isst,   sein, ich bin, du bist

1 Schreibe die Sätze ab und ergänze die Verben passend.

fragen ✦ fragt

schreiben ✦ schreibt

üben ✦ übt

bringen ✦ bringt

schlagen ✦ schlägt

sagen ✦ sagt

S. 28 ①+②
A: Malik will schon lange
einen Brief schreiben. ✓
...
B: ...

A Malik will schon lange einen Brief ▢ .
Heute ▢ er ihn endlich.

B Juri will seine Mutter etwas ▢ .
Dann ▢ er aber seinen Vater.

C Alle Kinder ▢ etwas vor.
Auch Amina ▢ ein Spiel vor.

D Bello soll Opa die Zeitung ▢ .
Er ▢ Opa aber eine Socke.

E Der Lehrer will mit den Kindern rechnen ▢ .
Rena ▢ aber lieber lesen.

F Lola will gern ihre Meinung ▢ .
Und sie ▢ ihre Meinung heute auch.

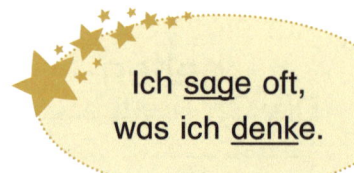

Ich <u>sage</u> oft,
was ich <u>denke</u>.

2 Unterstreiche bei den eingesetzten Verben
in ① immer den Wortstamm.

bringen, fragen, sagen, schlagen, schreiben, üben

① Finde zu jedem Muster das passende Merkwort.
Schreibe die Wörter auf. Markiere ß.

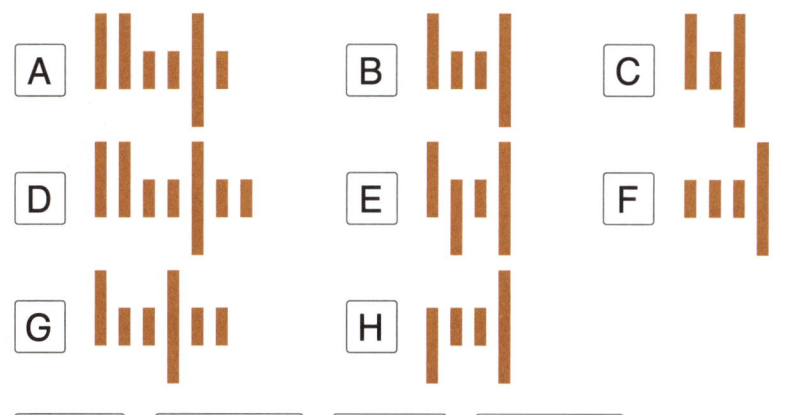

A | | | | | | | B | | | | | C | | | |

D | | | | | | | | E | | | | | F | | | |

G | | | | | | H | | | |

| weiß | Straße | groß | heißen |

| heiß | Fuß | fließen | Spaß |

S. 29 ①
A: Straße ✓
B: ...

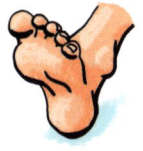

② Schreibe nur die vier Sätze ab, die stimmen.
Unterstreiche die Wörter mit ß.

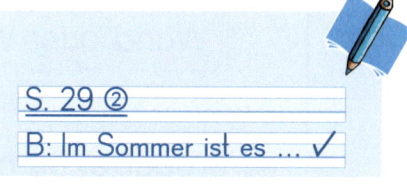

S. 29 ②
B: Im Sommer ist es ... ✓

A Limo und Cola fließen aus Quellen.

B Im Sommer ist es oft heiß.

C Alle Kinder heißen Lola.

D Auf einer Straße kann man fahren.

E Die Großmutter kann jünger sein als die Mutter.

F Schuhe gehören an die Füße.

G Schnee ist immer kalt und weiß.

Heißt hier etwa noch jemand Lola?

grüßen **M**, heiß **M**, heißen **M**,
der Spaß **M**, die Straße **M**, weiß **M**

Schleichen sich manchmal Fehler in deine Wörter ein?
Hier sind **Lolas Tipps** für dich.

1. **Sprich** beim Schreiben **in Silben leise mit**. So vergisst du keinen Buchstaben.

Tomatensalat

2. groß oder klein?

| Vogel oder vogel? |

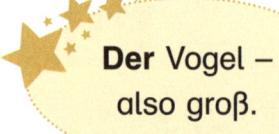

Der Vogel – also groß.

3. d oder t, g oder k, b oder p am Ende?

| Wand oder Want? |

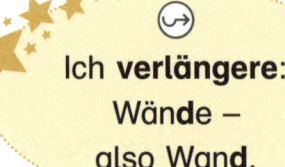

Ich **verlängere**: Wände – also Wand.

4. ä oder e, äu oder eu?

| Gläser oder Gleser? |

Ich **leite ab**: Gläser von Glas – also mit ä.

5. ein oder zwei Konsonanten?

| Bett oder Bet? |

Nach einem kurzen Vokal folgen meist zwei Konsonanten. Also: Bett.

① Wähle acht oder mehr Wörter aus diesem Heft aus, bei denen Lolas Tipps nützlich sind. Schreibe sie auf und markiere die schwierigen Stellen.

S. 30 ①
...

Merkwörter soll man sich merken. Aber wenn das nicht klappt?
Hier sind **Lolas Tipps** für dich.

1. Übe Merkwörter immer wieder
   mit der **Lernwörterkartei**.
   Markiere die besonderen Stellen.

2. Schreibe deine schwierigen
   Merkwörter auf **Klebezettel**.
   Hänge sie zum Beispiel
   in deinem Zimmer auf.

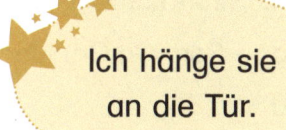

Ich hänge sie
an die Tür.

3. Schreibe schwierige
   Merkwörter mehrmals
   **mit verschiedenen
   bunten Stiften**.
   Das macht Spaß
   und sieht schön aus.

Ich schreibe
die Wörter auch gern
am Computer. Da gibt es
ganz verschiedene Farben
und Schriften.

4. **Diktiert euch die Merkwörter
   gegenseitig** und kontrolliert
   auch gemeinsam.
   Zusammen macht das Üben
   oft viel mehr Spaß.

① Wähle einige Merkwörter aus diesem Heft aus.
Übe sie mit Lolas Tipps.
Markiere die schwierige Stelle in jedem Merkwort.

Trainingsheft
zum Grundwortschatz

Herausgegeben von: Roland Bauer, Jutta Maurach

Erarbeitet von: Martina Schramm
in Zusammenarbeit mit der Redaktion Grundschule Deutsch 2–4

Redaktion: Sabine Gerber, Milena Lemke, Kristina Meyer

Illustration: Yo Rühmer, Frankfurt am Main

Umschlaggestaltung: Cornelia Gründer, agentur corngreen, Leipzig

Layout und
technische Umsetzung: lernsatz.de

www.cornelsen.de

1. Auflage, 1. Druck 2022

Alle Drucke dieser Auflage sind inhaltlich unverändert
und können im Unterricht nebeneinander verwendet werden.

© 2022 Cornelsen Verlag GmbH, Berlin

Druck: H. Heenemann, Berlin

ISBN 978-3-46-480358-5 (Trainingsheft Grundwortschatz, Leihmaterial)

PEFC zertifiziert
Dieses Produkt stammt aus nachhaltig
bewirtschafteten Wäldern und kontrollierten
Quellen.
PEFC
www.pefc.de
PEFC/04-31-1156